O Homem, sujeito do trabalho, suas relações no sistema econômico

Uma visão liberal-cristã

Este trabalho tem como base a monografia apresentada no curso de Ciências Econômicas da UFPR sob a orientação do Professor Maurílio Leopoldo Schmitt em 1992.

Romeu Friedlaender Jr

2

Sumário

Introdução 5

1 – O homem no contexto do universo 11

2 – O homem dotado de inteligência e vontade, o homem como um ser livre 21

3 – O homem, ser gregário e político 29

4 – As organizações como meios para a realização pessoal 35

5 – As relações humanas no mundo do trabalho. 41

6 – O trabalho humano, objetivamente considerado 45

7 – O trabalho humano, subjetivamente considerado 51

8 - O homem em um contexto social de trabalho .. 57

9 – A compreensão do homem como sujeito do trabalho 63

10 – O Papel da Internet 71

Conclusão 77

Conceitos adotados 83

Referência bibliográfica 89

4

Introdução

6

Neste trabalho tenta-se colocar a importância que o ser humano tem no sistema econômico. Ele é sua razão de ser, porque o sistema econômico existe para servir aos desejos da pessoa humana, atender as suas vontades e necessidades.

Neste contexto o Estado surge como uma organização que assegure a liberdade individual das pessoas, para exercer e dar vazão à sua força criadora e empreendedora. As empresas, como organizações orientadas pelo principio do lucro, surgem com a função de transformar os recursos em riquezas, sendo responsáveis pelo processo produtivo no sistema econômico, buscando a produção eficiente para a obtenção de lucros que as façam progredir e, em conseqüência, sejam partícipes e colaboradoras do próprio desenvolvimento das pessoas que vivem em determinado espaço geográfico.

Ambas as organizações, Estado e empresas, devem estar estruturadas para servir ao homem e não por ele serem servidas.

Nesta consideração, quanto maior o grau de compreensão da função de utilidade das ações individuais, do trabalho que cada qual desenvolve, tanto mais facilmente uma comunidade, uma organização, um país avança, progride, se desenvolve.

Quer Estado, quer empresas, são entidades abstratas e não conseguem evoluir se sufocarem o espírito criador do homem.

Aquele competem funções bem marcadas no interesse de dotar o homem das capacidades ditas empresarial e tecnológica.

A estas, cumprem estabelecer condições tais que permitam o uso pleno dessas capacidades em benefício de cada indivíduo, meio e fim da tarefa de produzir.

A tarefa de produzir impõe como requisito essencial a busca de eficiência.

A eficiência e a eficácia, ambos seus conceitos estão no final desta obra, como também os fatores que a aperfeiçoam, deverão necessariamente decorrer da harmonização das relações humanas, em qualquer campo da atividade humana, pois são elas que comandam a vida em sociedade, que contem em si o sistema econômico, no qual a eficiência e a eficácia acabam por ser sempre dimensionadas e quantificadas em concreto, ao passo que em outros sistemas de organização social podem elas simplesmente ser sentidas em abstrato.

Tendo por centro de tudo o ser humano, suas necessidades e os meios pelos quais ele pode satisfazê-las dignamente, o presente trabalho incursiona sobre algumas questões que, embora de cunho filosófico, tem relação direta com o desempenho e o desenvolvimento da vida das organizações que integram o sistema econômico.

10

1 – O homem no contexto do universo

12

No conceito das coisas visíveis e vivas do universo, o homem é tido como um ser, um animal racional, dotado de inteligência e vontade.

Em filosofia, o homem define-se precisamente como animal racional, e é esta última palavra, racional, que exprime aquilo que o torna tão diferente dos outros animais.

Há três tipos de seres vivos: plantas, animais e homens. Classicamente, fala-se por isso de três tipos de princípios vitais.

A alma vegetativa é o princípio interno à planta que a faz viver, crescer e reproduzir-se, está intimamente unida à matéria e não possui existência independente, deixa então de existir a partir do momento que a planta morre.

Nos animais, a alma sensitiva é o princípio que lhes permite não somente viver, crescer e reproduzir-se, mas também ver, ouvir, cheirar, sentir dor e experimentar prazer, deslocar-se de um lugar para outro. Apesar deste princípio vital ser superior ao das plantas, conforme Leo Trese, na página 25 de seu livro A Sabedoria do Cristão, publicado pela Ed. Quadrante em 1992: *"concordam biólogos e filósofos que ele continua a ser inteiramente dependente da matéria, a não ter uma existência autônoma, e por isso também deixa de existir quando o animal morre".*

Finalmente, tem-se a alma humana, a alma racional ou intelectual, o espírito, que pressupõe e assume e admite as outras duas, a alma vegetativa e a alma sensitiva. O homem apreende então, as três dimensões de princípios vitais.

Através da alma racional ou intelectual, através do espírito, o homem não se limita a viver, crescer e reproduzir-se, como faz a planta, nem se limita a ver, ouvir, cheirar, sentir dor ou prazer e mover-se, como faz o animal.

Graças a ela o homem atinge um novo nível de existência, torna-se capaz de pensar. Graças a ela é capaz de selecionar, comparar, escolher e examinar os inúmeros dados particulares que ao homem chegam através dos sentidos, as imagens que vê, os sons que ouve, os odores, os gostos e as experiências táteis.

A partir daí, de chegar a conhecimentos novos, elabora conceitos abstratos e tira conclusões.

É importante ter presente que um animal pode ver centenas de árvores, e, no entanto é incapaz de concluir que todas têm um tronco feito de madeira, e muito menos de escrever um poema como "*canção do exílio*", que se inicia com o verso "*minha terra tem palmeiras*", de Gonçalves Dias. O animal irracional pode vir mil triângulos, mas será incapaz de inferir que o quadrado da hipotenusa é igual à soma do quadrado dos catetos.

O homem, animal racional, que tem o poder de pensar, não só é capaz de concluir que as árvores têm tronco feito de madeira, como também de, geneticamente, desenvolver a reprodução destas mesmas árvores mediante a apreensão de todas as informações e características moleculares que compõem o seu material hereditário.

O homem não é só capaz de ver o triângulo, como também de desenvolver um conjunto de figuras geométricas que lhe possam ser úteis no domínio do universo, na conquista de mais bem-estar, na composição estética ao seu padrão de valor das coisas que o cercam.

O homem é capaz de pensar e, simultaneamente, de examinar o seu processo de raciocínio. Pode escolher isto ou aquilo e, ao mesmo tempo que escolhe, pode analisar os motivos que estão por trás desta escolha. Pode, por exemplo, amar, e ao mesmo tempo avaliar e alegrar-se com esse seu ato. Pode escolher e adquirir o produto A, em detrimento de B, e ao mesmo tempo concluir que realizou a melhor escolha e contentar-se com esse seu ato de comprar. Ao mesmo tempo em que outro homem pode escolher o produto B, em detrimento de A, e sentir as mesmas sensações.

Esta consciência de si mesmo – a possibilidade de conhecer e de, ao mesmo tempo, conhecer que conhece (saber, estar ciente disto) – demonstra que o que anima (alma) o homem, ser racional, não é uma substância material, porque esta é absolutamente incapaz de olhar para si mesma, de refletir, se estivesse feita de partes, como acontece com todas as substâncias materiais.

A esta substância há corrente filosófica que a denomina de substância simples, desprovida de partes, de tamanho, de dimensões. Ninguém se aventurou a medir o tamanho, a dimensão da alma, do espírito do ser humano, quando muito e vagamente, o homem avança na direção de categorizar a inteligência, os talentos individuais. Até aí, porém, nada de novo, porque os próprios filósofos, das mais variadas correntes e profissões de fé, assimilam a parábola transcrita nos textos bíblicos, que dá conta que cada ser humano vem dotado de talentos diferenciados. Um pode dispor de cinco talentos, outro de três, outro de um. A própria Bíblia Sagrada arremata que o Supremo Criador do universo cobrará de cada qual na medida de seus talentos.

A alma humana, o seu princípio de vida e de pensamento é, então, uma substância simples desprovida de partes, de tamanho, de dimensões – que faz concluir estar o homem dotado de espírito é a sua capacidade de pensar de modo abstrato.

Há um princípio filosófico básico segundo o qual nenhum efeito pode ser maior que a sua causa. Um rio pode refluir a altitudes maiores do que a sua fonte, um mosquito jamais dará a luz a um elefante. Vale dizer, se a mente humana é capaz de pensar idéias imateriais, o seu espírito também há de ser imaterial.

Confrontando com o conceito de alma dos animais irracionais: se o espírito do homem fosse uma substância material só poderia ter pensamentos materiais, ou, em outros termos e para confirmar, só disporia de conhecimento sensitivo, tal qual os animais irracionais.

Pelo conhecimento sensitivo, somente distinguiria que tal ou qual árvore é verde, mas não poderia falar da cor em abstrato, nem especular sobre os efeitos das cores sobre as emoções humanas, como fazem os psicólogos, a partir do desenvolvimento científico por eles elaborado, outros ramos da atividade humana dele se apropriaram. Não é sem razão que as cores dos objetos são hoje fator de estímulo ou de inibição à demanda de determinados produtos.

Se o homem fosse dotado apenas de conhecimento sensitivo não poderia saber que tal pessoa o atrai e que outra o repele, nem seria capaz de reconhecer a bondade da primeira ou o egoísmo da segunda, não teria condições de categorizar o bem ou o mal em termos gerais.

Logo, a alma humana é capaz de ultrapassar o conhecimento sensitivo e ter pensamentos imateriais, daí concluir-se ser ela um espírito, porque, ao dizer dos filósofos, nenhum efeito pode ser maior que a sua causa.

20

2 – O homem dotado de inteligência e vontade, o homem como um ser livre

Contrapor o homem ao animal não é absolutamente correto, porque o homem é também um animal, porém racional. Para efeitos práticos, contudo, será mais simples utilizar a palavra "animal" para designar as criaturas imediatamente inferiores ao nível humano na escala dos seres vivos.

Graças ao seu espírito, à sua alma espiritual, o homem possui, portanto, duas potencialidades ou faculdades que os animais não têm, a inteligência abstrata e a livre vontade. Em todos os seus atos conscientes, o homem é guiado pela razão e por uma escolha deliberada, o animal em contrapartida, não age consciente e livremente, mas guiado pelo instinto.

Quando um casal decide construir sua futura residência, os dois planejam juntos o que fazer, quanto dinheiro podem gastar, quantidade de quartos e demais dependências. Vamos pegar um casal de tatus como exemplo, quando se dispõem a cavar a sua toca não discutem o número de entradas, o formato dos túneis nem os melhoramentos que poderiam incluir no seu lar. Como dois sabiás não lembram um ao outro, na primavera, que uma tempestade havia derrubado o ninho que haviam feito no ano anterior, e que desta feita seria melhor escolherem um lugar mais protegido das chuvas. Ano após ano, ao passar do tempo, os animais seguem o padrão de conduta fixo e constante que lhes é ditado pelo instinto e que lhe são transmitidos geneticamente, conquanto o homem, dotado de inteligência, promova cruzamentos genéticos entre os animais, continuarão eles a serem movidos pelo instinto.

Ora, se um animal não raciocina em sentido estrito, não trabalha com idéias abstratas, também não é capaz de fazer escolhas livres e deliberadas. As suas ações são motivadas por um princípio muito simples: buscar o prazer e evitar a dor, respondendo a estímulos estritamente sensitivos. O animal não tem conceitos de bem e mal, pode ser pacientemente treinado, como os cães, por exemplo, mediante um sistema de recompensas e castigos, para executar determinadas tarefas. Em todos os casos, entretanto, o que está em jogo, a que verdadeiramente estará o animal sendo induzido é a formar um hábito, não uma operação racional.

> *"Há pensadores (deterministas), porém, que negam a liberdade da vontade humana. Para escaparem às conseqüências que o reconhecimento da existência de uma alma, de um espírito humano, asseguram esses pensadores que o ato da vontade não passa de um produto das emoções, dos hábitos ou dos instintos do próprio homem. Quando muito admitem que esse ato de vontade se dê de forma mais elaborada do que nos outros animais, mas afiançam que, assim mesmo, são tão só uma resposta a estímulos puramente materiais, nos quais não há nenhuma liberdade real: sejam quais forem as decisões que o homem tenha tomado em algum caso concreto, ele é obrigado a tomá-las por ser um determinado tipo de pessoa."*
> (Trese, Leo J., 1992, pág.34)

Outros, ainda, embora aceitando que a vontade efetivamente faz uma escolha, negam que essa escolha seja livre. Segundo estes, a vontade é forçada a escolher a opção que oferece maiores vantagens, da mesma maneira que uma balança se inclina para um lado ou outro que se coloque mais peso. Uma vez que a inteligência humana tenha mostrado onde se encontra o maior bem, esta necessariamente o escolhe.

É inescapável observar que os defensores dessas teorias se ressentem, tanto quanto e como qualquer outra pessoa, de uma eventual violação de seus direitos.

Quando o determinista – que nega o livre-arbítrio – descobre que lhe roubaram algum bem seu (um carro, por exemplo), não diz calma e confortadamente que tinha que ser assim, pois afinal o ladrão foi forçado a agir daquela maneira pelos seus impulsos. Ao contrário, chama pela polícia e exige que o culpado seja punido, em reação idêntica que é tomada por qualquer pessoa.

Isto atesta, cabalmente, que não se pode isolar a liberdade humana num tubo de ensaio, nem provar em laboratório que a vontade é livre. Cada um tem a capacidade de submeter-se à prova diante de si mesmo. Cada um que examine as suas decisões sabe perfeitamente que é responsável pelo que faz e que poderia ter agido de outra maneira. Certamente há momentos em que age por instinto, como também os que age por hábito.

A maior parte das ações do homem, porém, é praticada consciente e livremente, sabia-se o que fazia e que poderia escolher outra opção, se assim quisesse.

Não se questiona que a vontade é levada a agir desta ou daquela maneira pelos motivos que a inteligência lhe apresenta, e também não se questiona que a vontade só pode ser levada a querer alguma coisa quando compreende que daí lhe virá algum bem. No entanto, o próprio livre arbítrio dirige também a inteligência no seu exame dos motivos e das razões pró e contra. É a vontade livre que diz a inteligência escolher a consideração que lhe interessa, deixando de lado todas as demais que lhe tenham sido apresentadas.

Todos os homens, por sua vez, têm consciência que não raro interrompem voluntariamente o trabalho de sua inteligência, simplesmente porque não se quis dar ouvidos às razões contrárias à decisão que se preferiu tomar. Seria muito confortante, para cada qual, se servisse de consolo dizer que se cometeu determinado delito porque "foi forçado a fazê-lo". Tem-se consciência de que as coisas não se passam desta maneira e os homens, seres racionais, o sabem muito bem.

28

3 – O homem, ser gregário e político

Se o homem é dotado de inteligência e de vontade, tem o livre arbítrio para dirigir esta sua inteligência e vontade, é bem de ver que ele pode ser educado (e não forçado) no interesse de praticar ações que, ao conceito e ao juízo de valor acumulado por ele e pela sociedade, sejam úteis a si, à organização, à comunidade em que vive, convive, trabalha e às quais esteja integrado.

Imaginando o homem não integrado ao ambiente em que vive, tudo o que ele engendrasse, acumulando conhecimentos para viver e sobreviver, destinar-se-ia a si, seu desfrute e deleite exclusivos. Seria ele meio, instrumento, objeto, e ao mesmo tempo fim e sujeito de sua própria produção, resultado de suas ações.

Se assim o é para o homem individualmente considerado, também o é quando se incorpora a grupos, organizações, comunidades e utiliza sua inteligência e vontade. Tal condição deriva de sua histórica propensão ao gregacionismo. Em grupo, ele comanda as suas capacidades, as suas habilidades, que se somam às dos demais para atingir determinados objetivos, também livremente consensados.

E estes objetivos são compostos, na vida em sociedade, mediante a aplicação prática da ciência política, sempre entendida na acepção de um modo de promover o bem comum, tal qual os gregos a designaram e a desenvolveram.

Como já se viu, o homem não anseia simplesmente por viver, e este desejo não se esgota com a mera sobrevivência. Ele transcende e se conjuga com a idéia de uma vida digna, sonha com assegurar a sua existência, mas também em conseguir desenvolvê-la.

Ora, no âmbito das possibilidades da vida humana, a concretização deste desejo requer, evidentemente, um esforço pessoal e político.

Quanto ao esforço pessoal, já se ponderara antes, ele há de ser desenvolvido pela compreensão que o homem possa ter da sua inteligência e vontade, do livre-arbítrio para praticar ações conseqüentes.

Esta dimensão de esforço pessoal, porém, somente se conjuga com a dimensão política porquanto o homem é um ser gregário.

A dimensão e a missão da política consiste, por óbvio, em criar e assegurar as pré-condições sociais (já que o homem é um ser gregário e político) para a realização pessoal do homem.

4 – As organizações como meios para a realização pessoal

A missão política fundamental pode se desdobrar por uma série de campos de ação, que podem se circunscrever às políticas social e econômica e se interrelacionar com as políticas exterior e de segurança, por exemplo.

Hodiernamente, muito tem se comentado a propósito de meio-ambiente e das políticas gestadas para sua preservação e correto uso, entretanto, tem-se emprestado sentido muito estrito à palavra meio-ambiente. Meio-ambiente é tudo quanto rodeia o homem: animais e plantas, ar e água, e também tudo que ele moldou e produziu, como casa, carros e ruas. Mas o meio-ambiente não se limita a coisas, a seres vivos, animados ou não, também comporta os seres racionais, os próprios homens.

Em sentido amplo, portanto, o meio-ambiente é hoje definido como a totalidade dos fatores existenciais, de todos os fatores que marcam as condições e as relações humanas do ponto de vista psíquico, sentimental, técnico, econômico e social, segundo a acepção construída pelos economistas alemães L.Wicke e W.Franke, que produziram ensaio sobre ecologia e economia em 1992.

O homem não vive isolado em uma terra de ninguém, vive e só pode fazê-lo enquanto o meio-ambiente o permitir.

Como se viu, o meio-ambiente engloba diferentes aspectos, que passam pelo social, biológico, ecológico e econômico.

Só para exemplificar, o meio-ambiente social descreve as interações ou o campo interativo do homem, sua família, seus grupos e a sociedade. O meio-ambiente espacial, ou geográfico, inclui a moradia, os bairros, as cidades, as regiões, os países e a comunidade de nações e compreende também a paisagem em suas diferentes acepções. O meio-ambiente ecológico e biológico abrange a situação e o desenvolvimento do meio das plantas, dos animais e do próprio homem, assim como de seus condicionamentos para a sua convivência. O meio-ambiente econômico pode ser tido como aquele que inclui a totalidade dos recursos racionalmente utilizados e a luz de políticas públicas e privadas corretas, requeridos para assegurar ao homem os meios de que precisa para manter uma existência digna e saudável.

Se é verdadeiro que a política econômica integra a política de meio-ambiente, conforme modernamente se concebe tão clara e fortemente, as relações humanas em um ambiente de trabalho dado que, na visão liberal, o homem é o eixo e o centro das atividades de produção, também devem estar firmemente assimiladas como modo de oferecer eficiência e eficácia ao sistema econômico.

O homem tem consciência, cada vez mais difundida, que a proteção do meio ambiente começa pela própria casa, na família, no habitat natural direto.

E a adquire para desenvolver a sua responsabilidade política de manter um legado natural para a posteridade. Afinal, as coisas da natureza não lhe estão dispostas para seu desfrute egoístico e exclusivista, mas também para serem perpetuadas para atender as necessidades dos que o sucederem na seqüência biológica.

Tal qual ele desenvolve dita consciência em relação ao meio-ambiente, igualmente terá condições de fazê-lo enquanto agente econômico.

40

5 – As relações humanas no mundo do trabalho

Estão aí os paradigmas, os modelos de como crescentemente se multiplicam resultados pela criação de ambiente de trabalho digna, moralmente sadia e estimulante.

O homem pode ser educado para utilizar a sua inteligência e vontade e valer-se do livre arbítrio para integrar-se ou não a uma tarefa produtiva.

Adam Smith já fazia essa constatação no seu livro *Teoria dos Sentimentos Morais*, de 1759, quando concluía que "*o grau de prosperidade de uma nação tem relação direta com o nível de moralidade social dos homens que a integram*".

As relações humanas no ambiente econômico serão, pois, tão mais eficientes e eficazes na medida em que ao homem, agente, for possível estar conscientizado sobre a verdadeira dimensão do seu trabalho, tanto em seu sentido objetivo quanto subjetivo.

Diferentes doutrinas sociais, especialmente a cristã, apontam o convencimento de que o trabalho constitui uma dimensão fundamental da existência do homem sobre a terra.

O homem é, no contexto do universo, o único ser vivo dotado de inteligência e de vontade, detentor do livre arbítrio e, como tal, recebedor de uma missão, uma atividade a desempenhar no mundo.

O trabalho é uma atividade que se inicia no sujeito homem e se endereça para um objeto exterior, a terra, cuja designação encerra a totalidade dos recursos disponíveis para o homem exercer.

Como ser racional é evidente que o homem submete a terra mediante atividade consciente, descobrindo novas fontes de recursos, novos modos de transformação e as utiliza oportunamente.

6 – O trabalho humano, objetivamente considerado

Tendo por suposto que o processo de submeter a terra é universal e múltiplo (Adam Smith apontou para a diferença da riqueza das nações exatamente a partir da diversidade de modos de conduzir o processo de transformação de recursos em produtos e serviços), assume-se que o domínio do homem sobre a terra se realiza no trabalho e mediante o trabalho. O significado do trabalho emerge em seu sentido objetivo.

Em épocas mais distantes e remotas, esse trabalho era desenvolvido de forma rudimentar. Hoje, na indústria e na agricultura, por exemplo, a atividade do homem deixou de ser um trabalho prevalentemente manual, pois incorporaram-se técnicas, máquinas e mecanismos cada vez mais aperfeiçoados. Essas transformações ocorreram e foram possibilitadas pelo contínuo progresso da ciência e da tecnologia.

Tem-se a sensação que a máquina é quem trabalha (o homem só cuida dela). Estas novas formas e técnicas de produção têm servido de base para discutir o problema do trabalho humano e das relações humanas no seu ambiente de trabalho.

A Revolução Industrial fez surgir a chamada questão operária, que certamente induziu a mudanças industriais e pós-industriais para tornar o trabalho cada vez mais mecanizado sem, contudo, afastar a verdade irretocável de que o sujeito próprio do trabalho continua sendo o homem.

O desenvolvimento da indústria e dos diversos setores a ela ligados, até se chegar às mais modernas tecnologias da eletrônica e informática, indica o papel imenso que, na interação do sujeito e do objeto do trabalho, assume a técnica – fruto e operação do pensamento humano.

As palavras bíblicas de dominar a terra podem ser entendidas no contexto de toda a época moderna, na medida em que elas encerram também uma relação com a técnica e confirmam a histórica ascendência do homem sobre os recursos naturais.

A história recente da humanidade traz consigo a afirmação de que a técnica é um coeficiente fundamental de progresso econômico. Emergem e continuam emergindo interrogações essenciais que dizem respeito ao trabalho humano em relação com o seu sujeito, o homem. Essas interrogações carregam consigo conteúdo substantivo de ordem ética (o homem, individualmente considerado, diante do trabalho) e ética-social (o homem interagindo no mundo do trabalho).

50

7 – O trabalho humano, subjetivamente considerado

52

Como já se averbara, as doutrinas sociais que têm se debruçado sobre o alcance e a dimensão fundamental do trabalho aceitam que é cometido ao homem o mandato de submeter a terra, de dominá-la, como pessoa, como ser dotado de subjetividade, capaz de agir de maneira programada e racional, capaz de decidir por si mesmo e tendente a realizar-se a si mesmo.

É como pessoa, como ser racional, que o homem é sujeito do trabalho. Independentemente do conteúdo objetivo das ações que fazem parte do processo do trabalho, todas devem servir para a realização da sua vocação de ser pessoa, de ser homem.

Neste contexto, o domínio da terra refere-se muito mais à dimensão subjetiva do que a objetiva e é desta dimensão que se condiciona a natureza ética do trabalho. Com efeito, não há dúvida de que o trabalho humano tem seu valor ético, o qual permanece ligado ao fato de aquele que o realiza ser uma pessoa, um homem, um sujeito consciente, inteligente, dotado de vontade própria, livre, isto é, um sujeito que decida por si mesmo.

Esta verdade tem um significado básico na formulação dos importantes problemas sociais dos últimos tempos, bem assim a fonte inspiradora das soluções desses problemas. Dela cada vez mais se cristaliza o fundamento para determinar o valor do trabalho humano, não mais colocando o gênero do trabalho que se realiza, mas o fato de aquele que o executa ser uma pessoa, um ser humano.

As fontes de dignidade do trabalho não estão sendo procuradas sobretudo na sua dimensão objetiva, mas sim em sua dimensão subjetiva.

Não se diz com isto que o trabalho humano não possa e não deva ser de algum modo valorizado e qualificado do ponto de vista objetivo. Diz-se apenas que o primeiro fundamento do valor do trabalho é o mesmo homem, o seu sujeito. E daí a inarredável conclusão de natureza ética: embora seja verdade que o homem está destinado e é chamado ao trabalho, este mesmo trabalho, todavia e antes de mais nada, é para o homem e não o homem para o trabalho. Donde se extrai, em definitivo, a primazia, a proeminência do conteúdo subjetivo do trabalho sobre o seu conteúdo objetivo.

Em última análise, a finalidade do trabalho, de todo e qualquer trabalho realizado pelo homem permanece sempre o mesmo homem.

8- O homem em um contexto social de trabalho

A chave para a convivência harmônica no mundo do trabalho parece residir na compreensão dos homens quanto à primazia do significado subjetivo do trabalho sobre o seu significado objetivo.

Diferentes países, diferentes organizações, diferentes grupos vêm, especialmente a partir da difusão crescente da doutrina social cristã sobre o trabalho humano (que tem por marco inicial a carta *Rerum Novarum*, do papa Leão XIII, publicada em 15 de maio de 1891), alcançando maior eficiência e eficácia na combinação dos recursos produtivos. Indubitavelmente, estes resultados derivam da assimilação progressiva da dimensão e da dignidade do homem, fundadas na sua aceitação como sujeito e objeto do trabalho.

Emergem desta doutrina os conceitos hoje tão presentes sobre participação dos empregados nos resultados das empresas, tanto mais efetivos quanto mais conscientes estejam destas verdadeiras dimensões e significados do seu trabalho.

Tal verdade doutrinária somente se incorporou no Brasil, como princípio constitucional programático em meados deste século. Com efeito, a Constituição de 1946 inscreveu preceito segundo o qual aos empregados devesse ser assegurada participação nos lucros e integração na vida das empresas (art.165, inciso V).

Entretanto foi dada efetividade a esta disposição constitucional apenas no início da década de setenta, através da edição da Lei Complementar nº 7/71, que criou o Programa de Integração Social, o PIS. Em rigor, uma forma oblíqua de atender ao princípio de participação dos empregados na vida da empresa, porquanto tratar-se de um grande fundo de recursos financeiros que não viabiliza, clara e concretamente, definir a dimensão da referida participação nos lucros da empresa a que esteja especificamente vinculado o trabalhador.

Algo semelhante acontece com a renovação do mesmo preceito na Constituição Federal de 1988, assegurando um direito ao trabalhador consistente em "*participação nos lucros, ou resultados, desvinculada da remuneração, e, excepcionalmente, participação na gestão da empresa conforme definido em lei*" (Art.7º, inciso XI). Este dispositivo traz, como aspecto inovador, a possibilidade de partilhar lucros sem submetê-los ao regime normal das remunerações outras do trabalhador, evitando-se assim, as incidências dos denominados encargos sociais.

A simples verificação de que a doutrina social cristã esteja sendo assimilada em normas ideais de conduta de uma sociedade já exprime a sua validade.

Outros exemplos mais podem ser arrolados e eles, certamente, atestam a pertinência dos fundamentos teórico-filosóficos assentados nessa doutrina.

Em termos práticos e objetivos, o Japão registra índices crescentes de produtividade no trabalho mediante um sistema de remunerações que apreende exatamente as dimensões subjetiva e objetiva do trabalho humano. As remunerações, na generalidade das empresas japonesas, são compostas de uma parte fixa e de uma parte variável (que guarda relação direta com o resultado individual da produção conseguido nesse período considerado).

Pesquisa feita pela economista Marta Mariza de Freitas, da Universidade de Brasília, demonstra que o comportamento participativo deve fazer parte de um programa de administração pela boa e singela razão de que ele aumenta os lucros das empresas que o adotam.

Em 253 empresas brasileiras pesquisadas, que mantém um sistema participativo, notou-se que elas experimentaram aumento médio de 34% nos negócios nos três últimos anos, a produtividade cresceu 61% e a qualidade do trabalho dos empregados duplicou no mesmo período, a par de terem caído, em média, 42% as demissões, suprimidas as greves e reduzidos os desperdícios de material à metade.

A pesquisa assinalada verifica e conclui cientificamente o que as empresas aprendem no cotidiano: a administração participativa significa economia de tempo, material e dinheiro.

9 – A compreensão do homem como sujeito do trabalho

64

A inversão de valores e a visão puramente mecanicista e servil, com o trabalho somente considerado sob a ótica objetiva, conduziram a inúmeros embates históricos nas diferentes sociedades e inspiraram o seguinte pensamento de Karl Marx (que fundou sua teoria na doutrina judaico-cristã do igualitarismo): "*a estrutura da sociedade deriva do trabalho desenvolvido pelo homem. Na sociedade burguesa o trabalho produz bens que não se destinam a corresponder às necessidades do homem, mas às do mercado. Assim, em vez de os bens serem controlados pelo homem, o homem é controlado pelos bens; portanto, quanto mais os trabalhadores produzirem, mais largo será o abismo entre ricos e pobres. Esse simulacro de arranjo pode ser classificado de "alienação" do trabalho humano. O trabalho de um homem é "natural", parte da estrutura da vida. Consequentemente, a alienação do trabalho leva à alienação humana da natureza, dos companheiros de trabalho do homem e até de si mesmo. Os homens se convertem em coisas e passam a tratar-se como se fossem coisas*", em citação na revista Visão, edição de 5 de dezembro e 1983, na página 81.

Observações como esta foram cunhadas exatamente porque Marx estava se debruçando sobre uma realidade em que o trabalho humano era tido como um objeto, que descaracterizava o homem como ser dotado de inteligência, de vontade e de livre arbítrio. Aqui e ali, seguramente ainda hoje se reproduzem realidades tais quais as apreciadas por Marx.

Como o homem estava sendo conduzido à alienação pelo trabalho, como meio exclusivo e não fim em si mesmo da tarefa de produzir para elevar-lhe a sua própria dignidade e condição humana, as idéias de Marx foram apreendidas no sentido de que este homem alienado devesse ser substituído em suas decisões por uma entidade abstrata, o Estado. A este ficaria deferida a tarefa (do que se infere que o Estado deve ser ultracompetente) de decidir o que as pessoas de uma sociedade necessitam, partindo para uma planificação geral destinada a estabelecer quais os bens que devem ser produzidos e em que volume.

Constata-se que o sistema político que decide em nome de terceiros o que e quanto deve ser produzido para atender as necessidades individuais ou coletivas sufoca a liberdade do homem e lhe retira a força criadora e empreendedora, inerente à sua condição de ser inteligente e dotado de vontade própria.

Não é sem razão que os sistemas políticos centralizadores realizam sua transição para regimes em que as liberdades individuais se manifestem através de um pacto, de um entendimento.

O Estado, na celebração do entendimento, redefine suas funções de regulação e de coordenação da sociedade sem criar obstáculos ao desenvolvimento do livre empreender e fortalece as instituições sociais em um regime democrático.

Os empresários reciclam suas organizações produtivas assimilando a sua verdadeira função social de produzir e incorporam a noção de que o homem é meio e fim de seu trabalho.

Os trabalhadores se conscientizam de que as organizações da sociedade, Estado e empresas, são entidades abstratas que devem estar a serviço dos homens, ou seja, deixam de continuar alienados em relação à sua condição de sujeitos do trabalho que realizam.

Tal qual se referira em relação a exemplos de busca de eficiência do trabalho e da melhoria das relações humanas no mundo do trabalho ao nível das organizações empresariais (só possível mediante a adoção de sistemas participativos e desalienantes do homem em seu contexto laboral), também as nações engendram sistemas alternativos de superar as crises econômicas e sociais mediante a celebração de acordos entre Governo, empresários e trabalhadores.

O entendimento amplo com o objetivo de encontrar o caminho da prosperidade econômica e social já foi utilizado por inúmeros países.

Cite-se que os primeiros pactos, celebrados na Noruega em 1902 e 1935, na Suécia em 1938, bem como na Alemanha, Áustria e Suiça logo após a II Guerra Mundial, tinham como partes somente trabalhadores e empresários interessados em encaminhar negociações coletivas de trabalho, sendo que o Governo apenas as acompanhava no sentido de identificar o conteúdo dessas negociações para poder compatibilizá-lo com os objetivos de sua política econômica.

A experiência de pactos sociais integra a história de países desenvolvidos como o Japão, a Bélgica, a Holanda, a Inglaterra e a Finlândia.

A Espanha, que negociou uma série de pactos a partir de 1977, iniciando-se pelo histórico e universalmente conhecido Pacto de Moncloa com a derrubada do regime franquista, valeu-se também deste instrumento para redesenhar, revigorar e redemocratizar as suas instituições, que viveram quarenta anos sob regime autoritário, favorecendo assim o reordenamento político do país em uma nova Constituição.

Todas essas manifestações, enfim, quer a nível de organizações ou instituições menores – como a família e a empresa, quer a nível das grandes estruturas orgânicas da sociedade, são fruto da compreensão da dimensão do ser humano, inteligente, racional, dotado de vontade e de livre arbítrio, situado como eixo e centro de todas as coisas.

10 – O Papel da Internet

O que faz o homem buscar um trabalho, seja como trabalhador de empresa, seja como autônomo, seja como empreendedor, é a vontade de atender a alguma necessidade própria, algum desconforto que sente. Pois se estivesse confortável no seu lugar não faria o mínimo esforço para mudar esta situação.

Para realizar seu trabalho o homem busca maneiras de atender as necessidades dele mesmo e das outras pessoas, com isso ele é sujeito dos dois lados do balcão, oferecendo seu trabalho e também adquirindo o trabalho dos homens.

A internet entra nesse processo em ambos os lados, junto com o trabalho que está sendo oferecido, inclusive colocando maior alcance geográfico aos produtos e serviços que são ofertados, como do lado do homem que está buscando atender às suas necessidades, que encontra uma gama maior de produtos e serviços para analisar e decidir qual comprar.

A facilidade de pesquisar produtos e serviços através do computador, ou do aparelho celular, faz com que as empresas estreitem o relacionamento com o cliente, que, com mais opções e facilidade na escolha fica mais exigente.

Com isso a internet facilita a função do homem que busca atender às suas necessidades, na hora de pesquisar e analisar o produto ou serviço que melhor lhe atenda.

Mas a empresa também se beneficia desse canal, pois amplia as pessoas que podem visitá-la e conhecer seus produtos e serviços, pela ampla abrangência que a internet oferece, mostrando a empresa para o mundo todo.

O trabalhador também pode se beneficiar da internet, já que a sua mesa de trabalho pode ser montada em sua própria residência, bastando apenas o uso da internet em casa para desempenhar suas funções.

As empresas que adotam o homeshoring, ou homesourcing, que é a transferência da estrutura de trabalho do escritório na empresa para a casa dos funcionários, faz com que a produtividade seja de 20 a 40% maior, a satisfação das empresas com o trabalho desempenhado por seus funcionários em casa seja 76% e o custo por funcionário chega a diminuir até 70%, além do ganho do funcionário em qualidade de vida, sem perder tempo no trânsito para ir e vir do trabalho, conforme pesquisa analisada no blog Pesquisas e Números (http://www.pesquisasenumeros.com/2011/08/o-mesmo-endereco-residencial-e.html).

A internet está ocupando um importante espaço na melhoria das relações de trabalho e de consumo entre os homens, e essa é uma tendência que deve se ampliar, mas mantendo as mesmas bases filosóficas que estamos analisando neste trabalho sobre o homem como agente e sujeito do trabalho.

Conclusão

O presente trabalho, ao se socorrer em verdades irrefutáveis segundo os quais o ser humano é categorizado como eixo e centro de tudo, bem assim ao se louvar em doutrina erigida com o propósito de posicionar o homem como objeto e sujeito do trabalho, necessário para proporcionar-lhe progresso material e bem estar, pretendeu tão só assinalar que, da compreensão dessas verdades, é possível estabelecer um sistema de relacionamento social e econômico eficiente e eficaz, segundo padrões que valorizem a dignidade da pessoa humana.

Com efeito, cada vez mais se consolida a idéia de que é inarredável considerar o homem como um ser racional, dotado de inteligência e vontade, e por isso, livre para decidir, para criar, para empreender, daí a inferir-se que a economia de livre iniciativa se apresentar como a forma mais eficaz de organizar a produção de bens e serviços, por ser a que melhor se coaduna com os princípios éticos de valoração do trabalho humano.

Como derivação da assertativa de Adam Smith, segundo a qual *o grau de prosperidade de um povo tem relação direta com seu grau de moralidade social,* percebe-se muito nitidamente que o nível de moralidade social está diretamente ligado ao desempenho da economia, tanto de um pequeno grupo social (família, pequenas e médias empresas) quanto de um grande grupo social (país, grandes empresas).

As restrições à genuína liberdade do ser humano, quer aplicadas por indivíduos, famílias, empresas, grupos ou pelo Estado, são obstáculo ao progresso posto que sufocam e até aniquilam a força criadora e empreendedora.

Mais e mais as organizações ou instituições da sociedade se estruturam na direção de engendrar formas de relacionamento que permitam fluir a liberdade de criação e de iniciativa do homem.

Para tanto, estabelece-se a necessidade de arraigar a noção de que o homem, mandatário da tarefa de dominar a terra, deve cumprir tal missão não pela submissão de outro homem, mas para seu progresso e conforto pessoais e, à luz dos princípios morais, para o das demais pessoas cujo relacionamento se lhe coloca pela natureza gregária e política do ser humano.

Esta é a visão doutrinária liberal-cristã que, por isso mesmo, professa sua crença nas possibilidades de êxito de um sistema econômico fundado no respeito à liberdade criadora e empreendedora do homem, objeto e sujeito do trabalho que realiza prosperidade.

Invocando o Papa João Paulo II: "deve se proclamar, antes de tudo, o princípio da prioridade cronológica do trabalho face ao capital. Pela própria natureza do processo de produção, o trabalho humano é a matriz dos meios de produção que desabrocham no capital, entendido, este como fruto daquele", na sua Encíclica Laboren Exercens, publicada no Brasil pelas Ed.Paulinas, em 1982 na sua 5ª edição, à página 16.

As evidências, embora empíricas e ainda não sistematizadas, indicam que o sistema econômico não pode deixar de por em perspectiva a dimensão do homem também como sujeito do trabalho, pressuposto para tornar este mesmo sistema eficiente e eficaz, e, acima de tudo, conferir vida digna às pessoas que o integram.

Conceitos adotados

84

Eficácia – É fazer bem as coisas certas, de sorte que o desenvolvimento da sociedade ocorra sem agressões à natureza, ao próprio homem e ao ambiente em que vive.

Eficiência – É fazer bem certas coisas, mesmo que ao juízo de valor de cada membro da sociedade tais coisas feitas possam ser categorizadas como ilícitas ou maléficas à pessoa.

Empresa – Organização econômica que se fundamenta nas capacidades empresarial e tecnológica para combinar meios de produção e transformá-los em bens e serviços.

Empresário – Agente de produção que, sustentado por sua capacidade empreendedora, movimenta, combina e anima os recursos de produção de um sistema econômico.

Estado – Organização político-institucional que se fundamenta na soberania, na cidadania, na dignidade da pessoa humana, nos valores sociais do trabalho e da livre iniciativa e no pluralismo político.

Lucro – Em sentido amplo, é o ganho decorrente da ação, o aumento de satisfação (redução de desconforto) obtido, é a diferença entre o maior valor atribuído aos sacrifícios feitos para obtê-los, quer sua medição se expresse financeira, quantitativa ou qualitativamente. Em sentido estrito e empresarial, é o ganho realizado em atividades econômicas acima e além das despesas.

Produção – Não é um ato de criação, não gera algo que não existia. É a transformação de elementos dados, mediante arranjos e combinações, para a obtenção de bens e serviços novos.

Tecnologia – É um conjunto de conhecimentos acumulados pelo homem para aplicá-los em seu proveito e trazer como resultado uma evolução dos meios, métodos e processos de produção.

Trabalho – "*Trabalho é o emprego das funções e manifestações fisiológicas da vida humana como um meio. O homem trabalha ao usar suas forças e habilidades como um meio para diminuir seu desconforto, porém, segundo a doutrina cristã, ele próprio é sujeito do trabalho*", segundo Von Mises, L. em Ação

Humana, Instituto Liberal, Rio de Janeiro, 1990, à página 128.

Valor – "*O homem, ao organizar suas ações, tem uma escala de necessidades ou valores em sua mente. Com base nessa escala, satisfaz as necessidades mais urgentes, e deixa de satisfazer aquelas que atribui menor valor, isto é, as necessidades menos urgentes. Valor, então, é a importância que o homem atribui aos seus objetivos finais. Somente aos objetivos finais é que se atribui um valor primário, original. Os meios são, por isso, valorados de forma derivativa e só tem importância na medida em que tornam possível atingir algum objetivo, algum fim*", segundo Von Mises, L. em Ação Humana, Instituto Liberal, Rio de Janeiro, 1990, às páginas 94 e 95.

88

Referência bibliográfica

90

Artigos das Revistas Veja e Visão, São Paulo.

BÍBLIA SAGRADA. Ed.Paulinas.1990. São Paulo.

LABOREN EXERCENS. Encíclica do Papa João Paulo II. Ed.Paulinas. 1982. São Paulo.

MARX, KARL. Para a crítica da Economia Política. Abril Cultural. 1982. São Paulo.

Pactos Sociais, história e desenvolvimento. Mimeo. CNI. 1985. Rio de Janeiro.

RERUM NOVARUM. Encíclica do Papa Leão XIII. Ed.Paulinas. 1975. São Paulo.

SMITH, ADAM. A Riqueza das Nações Vol.I. Abril Cultural. 1983. São Paulo.

SOLIDARIEDADE HUMANA. Encíclica do Papa João Paulo II. Ed.Paulinas. 1985. São Paulo.

TRESE, LEO J.. A sabedoria do Cristão. Ed.Quadrante. 1992. São Paulo.

VON MISES, LUDWIG. Ação Humana. Instituto Liberal. 1990. Rio de Janeiro.

WICKE, L. e FRANKE,W.. Ecologia e Economia. Ed.Fundação Konrad-Adenauer-Stiftung. 1992. São Paulo.

http://www.pesquisasenumeros.com/2011/08/o-mesmo-endereco-residencial-e.html consultada dia 27 de outubro de 2011 às 11:36.

www.ingramcontent.com/pod-product-compliance
Lightning Source LLC
Chambersburg PA
CBHW071747170526
45167CB00003B/975